川中醤油のおいしいレシピ

はじめに

川中醤油は今年で創業110年の節目の年を迎えます。

創業以来、「地域に馴染んだ食事」を研究し、広島の郷土料理や食文化に合わせた地域性のある醤油造りに励んできました。ものづくりから地域らしさがなくなってしまったら、何の面白味もありませんし、私たちの存在価値もなくなってしまうと考えています。調味料として地域の食材をどう使うか、地域の特異性を商品でどれだけ表現できるか、それが私たちの長年の挑戦です。

それに加えて時代の変化やニーズに対応する商品開発も必要だと考えています。
昨今は、女性も仕事をする時代。料理にもスピードや手軽さが求められるようになってきました。そこで、日本人ならではの感性で伝統技法を守りながらも、時代に合うように進化させ、さまざまな商品造りにも取り組んでいます。

この本では、20種類の商品を使ったレシピをご紹介しています。完成するまで、私自身もどんな仕上がりになるのか大変興味深く見守ってきました。醤油やだし醤油、めんつゆなど、私たちが真心込めて造った商品がバラエティ豊かな70品の料理へと生まれ変わっています。

醤油業界では、創業110年というとまだまだ新参者ですが、ひとつの節目としてこのレシピ本を出版させていただくことになりました。この「川中醤油のおいしいレシピ70」でご紹介したメニューが、ご家庭の一品として食卓に並び、ご家族に笑顔をお届けできることを切に願っております。また、小学校で子どもたちに醤油の魅力を伝える普及活動を行っている私にとっては、醤油をはじめとする調味料について子どもたちが知るきっかけになってくれればと思っております。

平成28年9月10日

川中醤油株式会社
代表取締役社長 川中 敬三

代表取締役社長
川中 敬三

かわなか けいそう●1951年生まれ

昭和49年3月	東京農業大学 農学部醸造学科 卒業
昭和49年4月	川中醬油株式会社 入社
昭和61年4月	川中醬油株式会社 代表取締役社長 就任
昭和62年4月	玉扇酒造株式会社 代表取締役社長 就任
平成6年3月	玉扇酒造株式会社 代表取締役社長 退任
平成10年5月	広島県醬油協同組合 理事長 就任
平成17年5月	全国醬油工業協同組合連合会 PR協議会委員 就任
平成18年4月	おいしい朝ごはん研究所 設立
	しょうゆもの知り博士 拝命
平成19年5月	広島県醬油協同組合 理事長 退任
	中国醬油醸造協同組合 理事長 就任
平成21年5月	広島県醬油協同組合連合会 理事長 就任
平成23年11月	東京農業大学 客員教授 就任
平成28年5月	広島県醬油協同組合連合会 理事長 退任
平成28年6月	広島県中小企業団体中央会 理事 就任

目次

- 川中醤油株式会社の歴史 ……………… 8
- 川中醤油株式会社の工場見学に行ってみた！ … 10
- 醤油の豆知識 …………………………… 12

chapter 1　芳醇天然かけ醤油　(13)

- 豚肉の大根おろし和え ………………… 14
- キノコの天ぷら ………………………… 16
- 濃厚アボココット ……………………… 18
- すりごま釜玉うどん …………………… 19
- サーモンフライのしょうゆマヨ ……… 20
- 冷やっこ ………………………………… 21
- アジとミョウガのカナッペ …………… 22
- 中華風おこわ …………………………… 23
- 屋台風イカ焼き ………………………… 24
- カキと三つ葉の煮物 …………………… 25
- トマトとオクラの冷製煮浸し ………… 26
- 白身魚の具だくさんスープ …………… 27
- しょうゆラーメン ……………………… 28

chapter 2　万能だしつゆ　(29)

- サバの梅しょうゆ煮 …………………… 30
- 春雨サラダ ……………………………… 32
- とろとろロール白菜 …………………… 33
- 巾着卵 …………………………………… 34
- チャーハン ……………………………… 35
- 和風野菜にゅうめん …………………… 36

chapter 3 濃醇濃口醤油豊醸 ㊲

- ● 海鮮漬け丼 ……………………………… 38
- ● 納豆ぶっかけそば ……………………… 40
- ● キャベツのクリーム炒め ……………… 41
- ● アサリとセロリの佃煮 ………………… 42
- ● カボチャの煮物 ………………………… 43
- ● しょうゆカラメルプリン ……………… 44

chapter 4 さしみ醤油むらさき ㊺

- ● カツオのたたきのとろろ和え ………… 46
- ● ブリ大根 ………………………………… 47
- ● 蒸しトウモロコシ ……………………… 48
- ● こくうま豚キムチ ……………………… 49
- ● 醤油とチーズのスコーン ……………… 50
- ● 煮玉子 …………………………………… 52

chapter 5 やさしいだし醤油 ㊼

- ● シーチキンの炊き込みごはん ………… 54
- ● ナスの揚げびたし ……………………… 56

chapter 6 根こんぶ醤油 ㊼

- ● ママレードチキンサンド ……………… 58
- ● 鶏つくねのあったか煮 ………………… 60

chapter 7 おでんだし ㊵

- ● タマネギと牛すじのおでん風 ………… 62
- ● チンゲン菜とスパムの卵炒め ………… 64

chapter 8 すき焼しょうゆ ㊺

- ● 手羽中のパリッと焼き ………………… 66
- ● 豚すき焼 ………………………………… 68

chapter 9　薫る大人の醤油　(69)

- シラスと小松菜のペンネ ……………… 70
- おつまみプレート ……………………… 72

chapter 10　辛口汁なし担々麺のタレ　(73)

- サラダ担々麺 …………………………… 74
- 麻婆豆腐 ………………………………… 76

chapter 11　男が使うにんにく醤油　(77)

- コンニャクのステーキ ………………… 78
- エリンギとベーコンのニンニク炒め … 80

chapter 12　白だしお吸物のつゆ　(81)

- ニラとエビのチヂミ …………………… 82
- 明太子卵焼き …………………………… 84
- トマトスープ …………………………… 85
- 海鮮茶わん蒸し ………………………… 86

chapter 13　めんつゆストレート　(87)

- パリパリ皿うどん ……………………… 88
- ちくわののり巻き天 …………………… 90
- サトイモときぬさやのうま煮 ………… 91
- そぼろ丼 ………………………………… 92

chapter 14　じゃぶじゃぶかけるつゆ　(93)

- アサリと三つ葉のボンゴレ …………… 94
- ジャガイモと芝エビの煮物 …………… 96
- 根菜ポトフ ……………………………… 97
- アクアパッツァ ………………………… 98

| レシピ下部の コラムについて | 川中醤油株式会社の 開発秘話やおもしろ 情報をご紹介！ | お醤油会社ならでは の豆知識をご紹介！ |

| chapter 15 | 一番搾り
すだちぽん酢しょうゆ | 99 |

- 牛冷しゃぶサラダ ……………………… 100
- タコとキュウリの酢物 ………………… 102

| chapter 16 | ゆずぽん酢しょうゆ | 103 |

- 焼きはんぺんのゆず風味 ……………… 104
- ヤマイモのサクサクおつまみ ………… 106

| chapter 17 | 焼肉のたれ瀬戸内産れもん
&オリーブオイル。 | 107 |

- 巻き巻きウインナー …………………… 108
- レモン風味焼き厚揚げ ………………… 110

| chapter 18 | さくらドレッシング | 111 |

- ハムのパリジャンサンド ……………… 112
- クリーミーホタテ ……………………… 114

| chapter 19 | すだち
オリーブドレッシング | 115 |

- ローストポーク ………………………… 116
- カプレーゼ ……………………………… 118

| chapter 20 | 大長レモンとはっさくの
ドレッシング | 119 |

- 豚バラのフルーツドレッシングがけ … 120
- フルーツサラダ ………………………… 122
- 小イワシのカルパッチョ ……………… 124

- 川中醤油の商品紹介 …………………… 125

材料の表記について

　　大さじ1＝15ml（15cc）
　　小さじ1＝5ml（5cc）

※レシピには目安となる分量や調理時間を表記していますが、様子を見ながら加減してください。

川中醤油株式会社の

1906年 — 創業

初代社長　川中力三

日露戦争が終結した明治38年、初代社長の川中力三が創業。当時は社員3名の小さな会社。細々と味噌や醤油を造り、地域の人に販売していた。

1950年 — 世代交代

二代目社長　川中俊三

昭和25年には川中俊三が二代目社長に就任。この頃から、佃煮屋や漬物屋に販路を拡大するとともに店卸も始めた。昭和48年には広島県醤油組合の理事長を歴任。

1969年 — 株式会社設立

1990年 — 社屋・工場新築移転

新工場建設とともに、さらにだしの抽出にこだわりを持たせた「ストレートつゆ」の製造を開始。「つゆ2倍」「根こんぶ醤油」「吟醸天然和風だし」「椎茸醤油」「万能だしつゆ」など、新製品を続々と開発・販売した。

2000年 — 直営店「醤の館(ひしお)」オープン

社長念願の直営店がオープン。全ての自社製品の味見や購入ができるほか、醤油まんじゅうなど全国から集めた醤油ゆかりの商品も並ぶ。目玉は、しょうゆソフトクリーム。

2006年 — 創業百周年

歴史 〜History〜

創業以来、三代・百十年に渡る本物の醤油づくり

1985年
芳醇天然かけ醤油 販売開始

だし抽出技術を確立し、かつおだしと昆布だしを合わせた「芳醇天然かけ醤油」の開発に成功。今でも愛され続ける看板商品に。

1986年
世代交代

三代目社長　川中敬三

川中敬三が三代目社長に就任すると、すさまじい創造力と向上心で、次々と新商品を開発・販売。地元広島にこだわった約100種類の商品を世に送り出した。

2012年
「芳醇天然かけ醤油」が「ザ・広島ブランド」に認定

ロングセラーの「芳醇天然かけ醤油」が、広島の特に優れた特産品を集めた「ザ・広島ブランド」に認定。川中醤油のものづくりへのこだわりが広く認められた。

2013年
川中康三 副社長に就任

副社長に就任した川中康三

将来の四代目社長となる川中康三が副社長に就任。「芳醇天然かけ醤油」に次ぐ商品として「男が使うにんにく醤油」の発売も開始。

2016年
創業110周年

レシピ本発刊!!

川中醤油株式会社の 工場見学 に行ってみた!

こだわりの醤油づくりの現場を調査。
川中康三副社長に工場を案内してもらいました!

1 生醤油貯蔵庫

生醤油約100トンの保管が可能。品質を保つため室温は一定に保たれている。醤油タンクは空間を有効活用するため、宙に浮かせた造りに。

2 調合

枕崎産の鰹節から抽出したダシや調味料を醤油とブレンド。ここで川中醤油オリジナルの味を作る。

／それぞれの味に!＼

3 一次分析

官能検査員の資格を持つ社員がチェック。糖分や塩分、色度などの数値を計る。

4 火入れ

ブレンドした醤油に加熱処理を施す。微生物などの殺菌だけでなく、風味を良くするためにも大切な工程。

数値で徹底管理!

5 ろ過

珪藻土をろ過補助剤としてろ紙の上に敷き詰める「セライトろ過」と呼ばれる方法で、酵母や微生物を徹底的に取り除く。

6 充填

充填作業はそのほとんどがオートメーション。1時間に1500本から2000本を製造する。

できあがり！

7 検品

ラベルが正しく貼られているか、賞味期限が印字されているかなどをチェックする。

8 最終分析

完成した商品は、再度官能検査員の資格を持つ社員がチェック。合格した商品が出荷される。

工場隣接の直営店
醤の館（ひしおのやかた）

川中醤油が手掛けるアイテムがずらり。購入する前に味が試せる「お味見コーナー」もある。人気は名物のしょうゆソフトクリーム（260円）。

トッピングはごまなど3種類！

全種類が味見できる！

醤油の豆知識

料理で使い分ける、五種類のしょうゆ

・こいくちしょうゆ

全国の消費量の約84％を占める最も一般的なしょうゆで。風味が良く旨味などバランスのとれた万能調味料です。

料理例 煮物、焼き物、つけかけなど

・うすくちしょうゆ

関西で生まれた色の淡いしょうゆで、全消費量の約12％を占めています。塩分はこいくちより約1割多く、素材の持ち味を生かすしょうゆです。

料理例 炊き合わせ、ふくめ煮など

・たまりしょうゆ

トロ味と濃厚な旨味、独特な香りが特徴のしょうゆです。主に中部地方で造られており、つけしょうゆのほか調理用、加工用にも使われます。

料理例 刺身のつけしょうゆや、照り焼き、佃煮の色ツヤ出しに

・さいしこみしょうゆ

山陰から九州地方にかけての特産しょうゆです。色・味・香りとも濃厚で、別名「甘露しょうゆ」ともいわれ、おもにつけかけ用に使われます。

料理例 刺身、寿司、冷やっこなどのつけかけ

・しろしょうゆ

味は淡白ながら甘味が強く、独特の香りがある、琥珀色のしょうゆです。おもに愛知県碧南地方で造られる、もっとも色のうすいしょうゆです。

料理例 茶碗蒸し、きしめんなど

料理に使える！しょうゆの効用

消臭効果
生臭さを見事に消します

日本料理の下拵えにある「しょうゆ洗い」は、この効果を利用して、魚や肉の臭みを消しているのです。

加熱効果
食欲をそそるあの色、あの香り！

しょうゆと砂糖やみりんを合わせて加熱すると、アミノ酸と糖分がアミノカルボニル反応をおこし、食欲をそそる香りと、美しい照りが生まれます。

静菌（殺菌）効果
塩分と酸が日持ちを良くします

しょうゆには、塩分と有機酸が含まれているため、大腸菌などの増殖を止めたり、死滅させる効果があります。

対比効果
甘味を一層ひきたてます

例えば、甘い煮豆の仕上げに少量のしょうゆを加えると、甘味が一層ひきたちます。おしるこの仕上げに塩をひとつまみ入れるのと同じ効果です。

抑制効果
塩味が不思議と和らぎます

塩辛いものにしょうゆをたらすと、塩辛さが抑えられることがあります。これはしょうゆの中に含まれる有機酸類などに、塩味を和らげる力があるためです。

相乗効果
だしとしょうゆは相性抜群

しょうゆの中のグルタミン酸と、かつお節の中のイノシン酸が働き合うと、深い旨味が造りだされます。

chapter 1
芳醇天然かけ醤油

500㎖

特徴

1 川中醤油人気No.1の秘密は、「かけてよし」、「煮てよし」、「割ってよし」と三拍子揃った、使い勝手の良さ

2 自社で抽出した鰹と昆布の一番だしのみを、ほのかに甘い本醸造濃口醤油と合わせた、塩分控えめなだし醤油

3 天然の鰹節でしか出せない香りと雑味のない旨味から成る奥深い味わいが、食材や料理の味を上品に引き立ててくれる

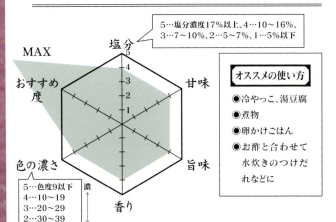

塩分: 5…塩分濃度17%以上、4…10～16%、3…7～10%、2…5～7%、1…5%以下

色の濃さ: 5…色度9以下、4…10～19、3…20～29、2…30～39、1…40以上

オススメの使い方
- 冷やっこ、湯豆腐
- 煮物
- 卵かけごはん
- お酢と合わせて水炊きのつけだれなどに

芳醇天然かけ醤油

調理時間 **15分**

定番レシピもだし醤油でおいしく！

豚肉の大根おろし和え

材料（2人分）
- ☐ 豚肉薄切り
  - ◆150g
- ☐ レタス◆適量
- ☐ ショウガ（すりおろし）
  - ◆1/2片
- ☐ 塩こしょう◆適量
- ☐ 芳醇天然かけ醤油
  - ◆大さじ2
- ☐ サラダ油◆適量
- ☐ 大根（すりおろし）
  - ◆1/5本

1. 豚肉にショウガと塩こしょうをもみ込む。
2. フライパンにサラダ油を熱し、豚肉を焼く。
3. レタスの水気をきって皿に敷き、2を盛る。
4. 3に大根おろしをのせ、しょうゆをかける。

大根おろしをリンゴのすりおろしにするとさっぱりフルーティーに！

 芳醇天然かけ醤油は、1985年発売の看板商品である。

芳醇天然かけ醤油

調理時間 20分

キノコの旨味をギュッと凝縮！

キノコの天ぷら

材料（2人分）
- □ シイタケ（飾り切り）
  - ◆4個
- □ シメジ◆1/2パック
- □ マイタケ◆1/2パック
- □ 片栗粉◆1/2カップ
- □ 揚げ油◆適量
- a
  - □ ショウガ（すりおろし）
    - ◆1/2片
  - □ 芳醇天然かけ醤油
    - ◆大さじ4

1 キノコは石づきを取り小房に分ける。

2 片栗粉をまぶし、180度の油できつね色に揚げる。

3 器に盛り、aを混ぜた天つゆを添える。

シイタケの表面には衣を薄くつけると見た目がきれいに仕上がる。

川中小唄　芳醇天然かけ醤油は、発売当初からレシピがほとんど変わっていない。

芳醇天然かけ醤油

調理時間 15分

チーズがとろ〜りとろける

濃厚アボココット

材料（2人分）
- アボカド ◆ 1個
- ピザ用チーズ ◆ 大さじ2
- 芳醇天然かけ醤油 ◆ 小さじ2
- かつおぶし ◆ 適量

1. アボカドは縦半分に切り込みを入れて種を取り、スプーンでくり抜き、サイコロ型に切る。

2. くり抜いたアボカドの皮の器に1を盛り、ピザ用チーズをのせてオーブントースターで5分程焼く。

3. 2にしょうゆをかけ、かつおぶしをのせる。

川中小噺 芳醇天然かけ醤油は、中国地方で一番初めに造られた、だし醤油である。

芳醇天然かけ醤油

調理時間 5分

パパッとメニュー

かけるだけで風味豊かに

すりごま釜玉うどん

材料（2人分）
- □ うどん ◆ 2玉
- □ 卵 ◆ 2個
- □ 芳醇天然かけ醤油
  ◆ 大さじ4
- □ すりごま ◆ 大さじ2
- □ 青ネギ（小口切り）
  ◆ 1/4本

1. うどんを表示通りに茹でる。
2. 1を器に盛って卵を割り入れ、すりごま、青ネギをトッピングする。しょうゆをかけ、熱いうちに全体をよく混ぜる。

川中小咄　川中醤油には、直営店「醤（ひしお）の館」が併設されている。

芳醇天然かけ醤油

子どもが喜ぶ♪ サクサクの食感を楽しもう

サーモンフライのしょうゆマヨ

調理時間 20分

材料（2人分）
- □ サーモン（刺身用の短冊の切り身）◆2切れ
- □ 溶き卵 ◆ 1個
- □ 塩こしょう ◆ 適量
- □ 小麦粉 ◆ 適量
- □ パン粉 ◆ 適量
- □ 揚げ油 ◆ 適量
- a
  - □ 芳醇天然かけ醤油 ◆ 大さじ2
  - □ マヨネーズ ◆ 大さじ1

1. サーモンに塩こしょうをし、小麦粉、溶き卵、パン粉の順につけ、180度の油で揚げる。
2. aを合わせソースを作る。
3. 1を器に盛り、2をかける。

川中小唄　工場見学をすることができる(要予約)。

芳醇天然かけ醤油

調理時間 5分

パパッとメニュー

簡単おつまみメニュー

冷やっこ

材料（2人分）
- 絹ごし豆腐 ◆ 1丁
- 芳醇天然かけ醤油 ◆ 適量
- 大葉 ◆ 適量
- ショウガ（すりおろし）◆ 適量

1. 豆腐を2つに切り分け、大葉の上に盛り、しょうゆをかける。

2. 好みでショウガを添える。

川中小咄　川中醤油のコーポレートカラーは「赤むらさき」である。

芳醇天然かけ醤油

調理時間 **10分**

パパッとメニュー　パーティーの前菜にもぴったり

アジとミョウガのカナッペ

材料（2人分）
- □ アジ（刺身ブロック）
  - ◆ 1匹分
- □ ミョウガ（細切り）
  - ◆ 2個
- □ クラッカー ◆ 2袋
- □ 芳醇天然かけ醤油
  - ◆ 大さじ2
- □ 大葉（細切り）
  - ◆ 適量

1. アジを薄く切り、ミョウガ、しょうゆと和える。
2. クラッカーに1を少しずつのせ、大葉をちらす。

川中小咄　1年間で最も会社に貢献した人へ「社長賞」が贈られる。

芳醇天然かけ醤油

調理時間 **65分**

モッチモチで、冷めてもおいしい！

中華風おこわ

材料（2人分）
- もち米 ◆ 2カップ
- 鶏ササミ（そぎ切り） ◆ 2本
- 茹でタケノコ（細切り） ◆ 30g
- ニンジン（細切り） ◆ 1/2本
- シイタケ（薄切り） ◆ 2個

a
- 砂糖 ◆ 大さじ1/2
- 芳醇天然かけ醤油 ◆ 大さじ1
- 酒 ◆ 大さじ1
- 水 ◆ 300cc
- 鶏ガラスープの素 ◆ 小さじ2
- サラダ油 ◆ 大さじ2

1 もち米を洗い、ザルにあげておく。

2 1と鶏ササミ、茹でタケノコ、ニンジン、シイタケを炊飯器に入れ、aを加えてごはんモードで炊く。

3 おにぎり型ににぎる。

醤の館のレジ袋はもちろんむらさき色である。

芳醇天然かけ醤油

香ばしさが食欲をそそる!

パパッとメニュー

屋台風イカ焼き

調理時間 **10分**

材料（2人分）
- 生イカ（胴部分）
  - ◆1杯
- 芳醇天然かけ醤油
  - ◆大さじ4
- バター◆10g
- サラダ油◆適量

1. 生イカは内蔵を取り除き、水で洗って切り込みを入れ、串に刺す。

2. フライパンにサラダ油を熱し、1としょうゆを入れて焼く。火を止める寸前にバターをからめる。

川中小咄 芳醇天然かけ醤油は、ハワイや上海でも販売されている。

芳醇天然かけ醤油

調理時間 **25分**

広島の食材の旨味を引き出す

カキと三つ葉の煮物

材料（2人分）
- □ カキ ◆ 300g
- □ 三つ葉 ◆ 5枚
- □ 塩 ◆ 適量

a
- □ 芳醇天然かけ醤油 ◆ 大さじ2
- □ みりん ◆ 大さじ1
- □ 酒 ◆ 大さじ1
- □ 水 ◆ 200ml

1 三つ葉は葉のみをちぎる。カキは塩でもみ洗いし、汚れをとる。

2 鍋に1とaを入れ5分程煮立てる。火を止め、10分程味をなじませる。

川中小噺　歴代社長の名前に「三」がつく（初代は力三、二代目は俊三、三代目は敬三）。

芳醇天然かけ醤油

調理時間 **15分**
冷やす時間＋60分

夏にオススメ！冷たい煮物

トマトとオクラの冷製煮浸し

材料（2人分）
☐ トマト（くし切り）
　◆大1個
☐ オクラ（輪切り）
　◆3本
a ☐ 芳醇天然かけ醤油
　　◆大さじ1
　☐ 水 ◆200cc

1. 鍋にトマトとオクラ、aを入れ、3分程煮る。
2. 冷めたら器に盛り、ラップをかけてそのまま冷蔵庫で冷やす。

川中小唄 川中醤油は「広島」が大好きなので、地元食材を使った商品がたくさんある。

芳醇天然かけ醤油

体の芯からポカポカに♪

白身魚の具だくさんスープ

調理時間 **15分**

材料（2人分）
- □ タラ（切り身）◆2切れ
- □ エノキ◆1/2パック
- □ タマネギ（薄切り）◆1/4個
- a
  - □ 芳醇天然かけ醤油◆大さじ2
  - □ 水◆400cc

1. エノキは根元を落とし、小房に分け2つに切る。

2. 鍋に、1とタラ、タマネギ、aを入れ、タマネギに火が通るまで煮る。

川中小唯　某有名プロ野球選手も「芳醇天然かけ醤油」を愛用している。

芳醇天然かけ醤油

調理時間 20分

家庭で本格的なお店の味！

子どもが喜ぶ♪

しょうゆラーメン

材料（2人分）
- □ ラーメン ◆ 2玉
- □ 乾燥ワカメ ◆ 大さじ2
- □ 茹で卵 ◆ 1個
- □ 塩こしょう ◆ 適量
- □ 水 ◆ 800cc
- □ 鶏ガラスープの素 ◆ 大さじ1
- a
  - □ 芳醇天然かけ醤油 ◆ 大さじ5
  - □ ごま油 ◆ 大さじ1
  - □ ニンニク（すりおろし） ◆ 2片
  - □ ショウガ（すりおろし） ◆ 1/2片
- □ 青ネギ（小口切り） ◆ 1/4本
- □ のり ◆ 2枚

1 乾燥ワカメは水（分量外）で戻し、食べやすい大きさに切る。

2 鍋に水、鶏ガラの素を入れて煮立てる。aを入れ、塩こしょうで味を調える。

3 茹でた麺を丼に入れ、1と茹で卵をのせ、2のスープを注ぐ。最後に青ネギとのりを盛りつける。

 醤油のJASマークは、「特級・上級・標準」の3段階に分けられている。

chapter 2
万能 だしつゆ

500ml

特徴

1 本醸造の濃口醤油に、自社で抽出した鰹のだしをたっぷり加えた贅沢なだしつゆ

2 そのまま料理に入れてもみりんや砂糖などと合わせてもおいしいので、アレンジがしやすく、いろいろな料理に使える

3 濃縮タイプのだしつゆなので、そのまま煮物に使っても希釈して使ってもよく、まさしく万能なつゆ

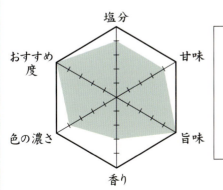

オススメの使い方
- 煮魚
- 炒めもの
- かけそばのつゆ
- 希釈してぶっかけうどんのつゆに

| 万能だしつゆ

調理時間 **25分**

ご飯が進む王道のおかず

サバの梅しょうゆ煮

材料（2人分）
- □ サバ（切り身）◆2切れ
- □ 水 ◆100cc
- a
  - □ 梅干し ◆大2個
  - □ 万能だしつゆ ◆大さじ4
  - □ みりん ◆大さじ4
  - □ 酒 ◆大さじ4
- □ ショウガ（千切り）◆適量

1. フライパンにサバと水を入れて火にかけ、煮立ったらaを入れ、落としぶたをして15分煮る。

2. 時々サバに煮汁をかけながら煮詰めていく。

3. 器にサバと梅干しを盛り付け、ショウガをサバの上にのせる。

 梅干しを入れることで、サバの臭みが消えて食べやすくなる！

 川中醤油には環境ガス事業部もある。

万能だしつゆ

ヘルシーでスルスル食べちゃう！

パパッとメニュー

春雨サラダ

調理時間 10分

材料（2人分）
- 春雨 ◆ 30g
- ハム（細切り）◆ 40g
- キュウリ（細切り）◆ 1本
- いりごま ◆ 適量
- 万能だしつゆ ◆ 大さじ2

1. 春雨を水で戻し、水を切る。

2. ボウルに1とハム、キュウリ、いりごま、万能だしを入れてよく和える。

川中小咄　会社の門にある紫色の石灯ろうは、醤油の瓶の形をモチーフにしている。

万能だしつゆ

白菜まるごと無駄なく使える

とろとろロール白菜

調理時間 **60分**

材料（2人分）
- □ 白菜 ◆ 6枚
- □ 片栗粉 ◆ 大さじ2

a
- □ 鶏ミンチ ◆ 80g
- □ ニンジン（みじん切り）◆ 1/5本
- □ タマネギ（みじん切り）◆ 1/5個
- □ 白菜（切り取った部分）◆ 6枚分
- □ 卵 ◆ 1個

b
- □ 万能だしつゆ ◆ 大さじ3
- □ みりん ◆ 大さじ1
- □ 酒 ◆ 大さじ1
- □ 水 ◆ 200cc

1. 白菜の白い部分を三角に切り、残りの葉の部分をしんなりするまで茹でる。

2. 白菜の切り取った部分をみじん切りにする。

3. aをよく混ぜ合わせて片栗粉をまぶし、6個に分けてたわら型にする。1の白菜の葉に巻いて、つまようじで止める。

4. フライパンに3とbを入れ、20〜30分程煮込む。

現在の社長は30〜40代の頃、玉扇酒造の社長を兼務していた。

万能だしつゆ

調理時間 **25分**

油揚げでジューシー♪

巾着卵

材料（2人分）
- 油揚げ（長方形のもの） ◆1枚
- 卵 ◆2個
- a
  - 万能だしつゆ ◆大さじ2
  - みりん ◆大さじ1
  - 酒 ◆大さじ1
  - 水 ◆150cc

1. 油揚げは半分に切る。口を開いて袋状にし、卵を割り入れ、つまようじで止める。

2. 鍋に1とaを入れ、ふたをして20分程煮る。

川中小咄　初代社長の川中力三は、沼田村の村長であった。

万能だしつゆ

調理時間 20分

パラパラ仕上げの本格派！

チャーハン

材料（2人分）
- ごはん ◆ 茶碗2杯分
- 長ネギ（みじん切り）
  - ◆ 1/2本
- タマネギ（みじん切り）
  - ◆ 1/2個
- かまぼこ（みじん切り）
  - ◆ 1本
- 溶き卵 ◆ 1個分
- 万能だしつゆ
  - ◆ 大さじ1
- サラダ油 ◆ 大さじ2
- 長ネギ（輪切り）
  - ◆ 適量

1. フライパンにサラダ油を熱し、みじん切りにした長ネギ、タマネギ、かまぼこを炒める。

2. 1の端で溶き卵をほぐし、すばやくごはんを加え、混ぜ合わせる。

3. 万能だしを入れ、全体を再度混ぜ合わせる。

4. 器に盛り、長ネギをのせる。

川中小咄　毎週水曜日は「ノー残業デー」である。

万能だしつゆ

優しい味に気分もほっこり

和風野菜にゅうめん

調理時間 20分

材料（2人分）

- そうめん ◆ 2束
- 白菜（細切り）◆ 3枚
- ニンジン（細切り）◆ 1/4本
- シイタケ（細切り）◆ 2個
- 溶き卵 ◆ 1個
- a
  - 万能だしつゆ ◆ 大さじ5
  - 水 ◆ 500cc
- 青ネギ（小口切り）◆ 適量

1. そうめんは茹でておく。

2. 白菜、ニンジン、シイタケを鍋に入れ、aと煮立てる。

3. 2に溶き卵を入れ、火を止めてそうめんを入れる。

4. 器にそうめんを入れ、汁をかけて上に具材を盛りつけて、最後に青ネギをちらす。

川中小唄　川中醤油の全ての商品には、しっかりとしたコンセプトや開発物語がある。

chapter 3

濃醇濃口醤油
豊醸

500ml

特徴

1. 本醸造「濃口醤油」と色・味・香りともに濃厚な本醸造「再仕込み醤油」の2種類の醤油をブレンドして造りあげた、豊かな味わい

2. だしを加えず、醤油本来の旨味を楽しめる逸品

3. こだわりの火入れ方法で鮮やかで深みのある色を残しつつ、香りを逃さないようにしている

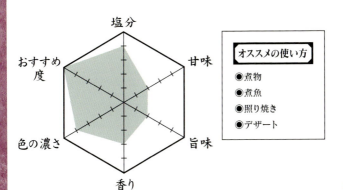

オススメの使い方

- ●煮物
- ●煮魚
- ●照り焼き
- ●デザート

濃醇濃口醤油豊醸

調理時間 **10分**

お好みの魚で作ってみよう！

パパッと メニュー

海鮮漬け丼

材料（2人分）
- 炊きたてのごはん
  - ◆茶碗2杯分
- 刺身 ◆2人分
- 濃醇濃口醤油豊醸
  - ◆大さじ3
- すりごま ◆大さじ2

1. 刺身としょうゆを混ぜ合わせる。

2. 5分程おき、味をなじませる。

3. 炊きたてのごはんに2をのせ、すりごまをかける。

一言メモ　「さしみ醤油むらさき」より刺身が黒くならず、ほどよい色づきになる。

川中小咄　100周年に向けて羽ばたきたいという思いでジェット機の尾翼をロゴに。

濃醇濃口醤油豊醸

調理時間 **10分**

豪快に混ぜて食べて食べたい！

パパッとメニュー

納豆ぶっかけそば

材料（2人分）
- □ そば ◆ 2人分
- □ 納豆 ◆ 2パック
- □ 大根（すりおろし）
  ◆ 1/4本
- □ 濃醇濃口醤油豊醸
  ◆ 大さじ2

1 そばを茹で、流水で洗って締めておく。
納豆はかき混ぜる。

2 そば、大根おろし、納豆の順に盛り、しょうゆをかける。

川中小唄　毎年4月にお弁当やお菓子を食べながら花見をしている（炊き出しあり）。

濃醇濃口醤油豊醸

調理時間 **15分**

まろやか豆乳とキャベツの旨味

キャベツのクリーム炒め

材料（2人分）
- ベーコン ◆40g
- キャベツ（ざく切り）
  - ◆1/4個
- a
  - 濃醇濃口醤油豊醸
    - ◆大さじ1
  - 生クリーム
    - ◆大さじ2
  - 豆乳 ◆大さじ5

1. ベーコンを1cm幅に切る。

2. フライパンでベーコンを炒め、油分が出てきたらキャベツを入れて炒める。

3. しんなりしてきたらaを入れ、すばやく炒める。

営業部員のほとんどが「ひろしま通認定試験」に合格している。

濃醇濃口醤油豊醸

調理時間 30分

お酒のお供に最適♪

アサリとセロリの佃煮

材料（2人分）
- □ アサリ ◆ 500g
- □ セロリ（細切り） ◆ 1本
- a
  - □ 濃醇濃口醤油豊醸 ◆ 大さじ3
  - □ みりん ◆ 大さじ2
  - □ アサリの茹で汁 ◆ 300cc
- □ 鷹の爪（輪切り） ◆ 1本

1. アサリは砂抜きし、水300ccで茹でる。茹で汁はとっておく。
2. アサリの身をはずす。
3. 2とセロリ、aを20分程煮詰める。仕上げに鷹の爪を入れる。

川中醤油のYouTubeチャンネルがある。

濃醇濃口醤油豊醸

調理時間 25分

中までしっかり味が染み込んだ

カボチャの煮物

材料（2人分）
- □ カボチャ ◆ 300g
- □ ごま油 ◆ 小さじ2

a
- □ 砂糖 ◆ 大さじ2
- □ 濃醇濃口醤油豊醸 ◆ 大さじ2
- □ 水 ◆ 200cc

1. カボチャを一口大に切り、面とりする。
2. 鍋にごま油を熱し、1を軽く炒める。
3. 2にaを入れ、15分程煮る。

二代目社長の川中俊三は、中国醤油醸造協同組合を作り、初代理事長に就任した。

濃醇濃口醤油豊醸

調理時間 20分
+冷やす時間60分

子どもが喜ぶ♪ ちょっと和風なご褒美スイーツ

しょうゆカラメルプリン

材料（2人分）

プリン液
- □ 卵 ◆ 1個
- □ 砂糖 ◆ 大さじ2
- □ 牛乳 ◆ 150cc

カラメルソース
a
- □ 砂糖 ◆ 大さじ2
- □ 濃醇濃口醤油豊醸 ◆ 大さじ1
- □ 水 ◆ 大さじ5

1. ボウルに卵を割り混ぜる。

2. 鍋に牛乳と砂糖を熱し、砂糖を溶かす。（沸騰しないようにする。）

3. 2が冷めてきたら1と混ぜ合わせ、2、3回こし、器に入れてアルミホイルでふたをする。

4. フライパンに器の半分程水を入れ、3を入れて火にかける。沸騰したら弱火にし、フライパンにふたをして約5分加熱し、火を止め蒸らす。

5. 別の鍋にaを入れ、あめ状になるまで煮つめる。

6. 4に5を入れ、冷蔵庫で冷やす。

川中小唄　社長はとても早起きで、毎朝会社の掃除とその周辺の清掃を行っている。

chapter 4
さしみ醤油 むらさき

200mℓ

特徴

1 さまざまな魚の刺身に合うように、味のバランスをとことん追求した自慢のさしみ醤油

2 「まろやかで深い旨味」が特徴の丸大豆再仕込み醤油を使用

3 甘露煮などに使用すると食欲をそそる照りが出るので、再仕込み醤油本来の深みのある色合いが楽しめる

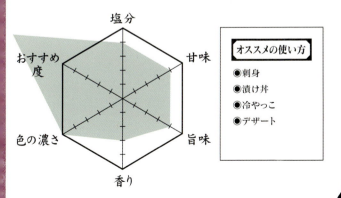

オススメの使い方
- 刺身
- 漬け丼
- 冷やっこ
- デザート

さしみ醤油むらさき

調理時間 5分

パパッとメニュー

カツオ&とろろがベストマッチ！

カツオのたたきのとろろ和え

材料（2人分）
- □ カツオのたたき（刺身用切り身）◆2人分
- □ ヤマイモ（すりおろし）◆100g
- □ さしみ醤油むらさき ◆大さじ1
- □ 青ネギ（小口切り）◆1/4本

1 カツオを皿に盛り、ヤマイモとしょうゆをかける。

2 仕上げに青ネギをちらす。

川中小唄: 朝礼の最後に互いの調子を問う「和の唱合（しょうごう）」という声掛けを行っている。

さしみ醤油むらさき

短時間でもしっかり色づく

ブリ大根

調理時間 60分

材料（2人分）
- □ ブリ（切り身） ◆500g
- □ 大根 ◆1/4本
- a
  - □ ショウガ ◆1片
  - □ 黒砂糖 ◆大さじ2
  - □ さしみ醤油むらさき ◆50cc
  - □ 酒 ◆20cc
  - □ 水 ◆500cc

1. ブリを1度煮立たせ、ザルにあげる。
2. 大根は3cm幅の輪切りにし、半分にして面とりする。
3. 1、2を鍋に入れ、aを入れて30〜40分程煮る。

川中小咄　現在の社長（三代目）はさしみ醤油にこだわりがあり、3種類も造った。

さしみ醤油むらさき

調理時間 20分

まるごと1本豪快に！

子どもが喜ぶ♪

蒸しトウモロコシ

材料（2人分）
- □ トウモロコシ ◆ 2本
- □ さしみ醤油むらさき ◆ 大さじ2

1. 蒸し器にトウモロコシを入れ、15分ほど蒸す。
2. 1に、はけでしょうゆをぬる。

川中小咄　さしみ醤油むらさきは、瀬戸内海産の淡白な味の白身魚をおいしく食べるために開発された。

さしみ醤油むらさき

調理時間 20分

ピリッと辛い大人の味

こくうま豚キムチ

材料（2人分）
- ☐ 豚肉 ◆ 150g
- ☐ タマネギ ◆ 1/4 個
- ☐ ピーマン ◆ 1/4 個
- ☐ ニンジン ◆ 1/4 本
- ☐ モヤシ ◆ 50g
- ☐ エノキ ◆ 1/4 パック
- ☐ サラダ油 ◆ 大さじ1
- a
  - ☐ キムチ ◆ 150g
  - ☐ さしみ醤油むらさき ◆ 大さじ1

1　タマネギとピーマン、ニンジンを細切りにし、エノキは半分に切る。モヤシは洗い、水を切っておく。

2　フライパンにサラダ油を熱し、豚肉と1を炒める。

3　2にaを加え、軽く炒める。

田中小話　社長は「和合丹精（わごうたんせい）」というタイトルのブログを書いている。

さしみ醤油むらさき

サクサク・しっとりの食感

醤油とチーズのスコーン

調理時間 35分

材料（8個分）
- □ 薄力粉 ◆ 150g
- □ クルミ ◆ 40g
- □ 粉チーズ ◆ 大さじ3
- □ バター ◆ 60g

a
- □ 全粒粉（荒挽き）◆ 30g
- □ きび砂糖 ◆ 50g
- □ ベーキングパウダー ◆ 小さじ1

b
- □ さしみ醤油むらさき ◆ 20cc
- □ 無調整豆乳 ◆ 50cc

1. クルミを170℃（予熱なし）のオーブンで8分焼き、1cm幅にくだく。

2. ボウルに薄力粉をふるい入れ、aを入れてざっくりと合わせる。

3. 冷やしたバターを入れ、スケッパーで5mm幅のみじん切りにする。

4. 両手ですり合わせてそぼろ状にし、粉チーズを加えてさらに混ぜ合わせる。

5. bを加え、混ぜる。1を加え、生地がまとまるまでさらに混ぜる。

6. 生地をラップにくるみ、麺棒で長方形にのばす。

7. 8等分にし、クッキングシートを敷いた天板に並べ、190℃に予熱したオーブンで18分焼く。

川中小唄 毎年9月に醤の館で感謝祭を開催している。

さしみ醤油むらさき

調理時間 30分

いろいろな料理のトッピングに使える！

煮玉子

材料（2人分）
- □ 茹で卵 ◆ 4個
- a
  - □ さしみ醤油むらさき ◆ 50cc
  - □ 水 ◆ 200cc

1 殻をむいた茹で卵とaを鍋で30分煮つめる。

川中小唄　醤の館でしか販売していない「醤油まんじゅう」や「しょうゆソフトクリーム」がある。

chapter 5
やさしいだし醤油

290mℓ

特徴

1. 自社の天然かけ醤油と比べて塩分を約36％カットした減塩タイプで、甘みが強く、後味がすっきりしている

2. リンゴ果汁の甘味が利いており、風味豊かでまろやかな口当たりの調味料無添加醤油

3. 少しとろみがあるので、一気に出ずに使用量が調節しやすい

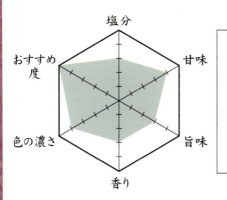

オススメの使い方
- 冷やっこ、湯豆腐
- 煮物
- おひたし
- お酢と合わせて水炊きなどのつけだれに

やさしいだし醤油

ダシが効いた上品な味

シーチキンの炊き込みごはん

調理時間 **60分**

材料（2人分）
- 米 ◆ 2カップ
- ニンジン（細切り）◆ 1/2本
- 茹でサヤエンドウ（細切り）◆ 5本

a
- シーチキン ◆ 1缶
- やさしいだし醤油 ◆ 大さじ4
- みりん ◆ 大さじ1
- 水 ◆ 150cc

1. といだ米とニンジン、aを炊飯器に入れ、規定の水量まで水を入れて炊く。

2. 炊きあがったら茹でサヤエンドウを混ぜ込む。

一言メモ　やさしい味付けなので、濃い味のおかずと相性バツグン

川中小唄　社員の平均年齢は30代前半である。

やさしいだし醤油

トロトロのナスが絶品!

ナスの揚げびたし

調理時間 30分

材料（2人分）
- □ ナス ◆ 2本
- □ 片栗粉 ◆ 少々
- □ 揚げ油 ◆ 適量
- a
  - □ やさしいだし醤油 ◆ 大さじ2
  - □ みりん ◆ 大さじ1
  - □ 水 ◆ 200cc

1. ナスを5cm幅に切り、さらに半分に切って、表面に斜めに切り込みを入れる。
2. 1に片栗粉を薄くつけ、油で揚げる。
3. フライパンにaを煮立て、2を入れて10分程煮つめる。

川中小唄　毎朝朝礼でラジオ体操第一や企業理念の唱和をしている。

chapter 6
根こんぶ醤油

500mℓ

特徴

1. 北海道の根こんぶのみを使用した濃厚なだしと、搾りたての丸大豆本仕込みの生醤油で仕上げている

2. 自社の濃口醤油より塩分を約45％カットした減塩タイプの醤油

3. 化学調味料は一切使用せず、梅肉の酸味で味を整えている

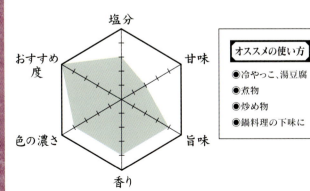

オススメの使い方
- 冷やっこ、湯豆腐
- 煮物
- 炒め物
- 鍋料理の下味に

根こんぶ醤油

調理時間 **20分**

ママレードの甘味でチキンを包む！

ママレードチキンサンド

材料（2人分）
- 食パン（8枚切）◆4枚
- 鶏もも肉 ◆ 1枚
- レタス ◆ 適量
- キュウリ（輪切り）◆ 適量
- ママレード ◆ 大さじ1
- 片栗粉 ◆ 適量
- 根こんぶ醤油 ◆ 大さじ2
- サラダ油 ◆ 大さじ1

1 鶏もも肉に片栗粉をつけ、フライパンにサラダ油を熱し、両面をよく焼く。
ママレードとしょうゆを加え、両面に染み込ませる。

2 食パンにレタスとキュウリを敷き、1の鶏もも肉を半分に切ってのせ、パンでサンドする。

一言メモ 根こんぶのグルタミン酸が利いてチキンサンドのおいしさアップ！

川中小哨 100周年のイベントでマグロ解体ショーをして得意先の方々に寿司と刺身を振る舞った。

根こんぶ醤油

ひじき入りで栄養バランスもばっちり

鶏つくねのあったか煮

調理時間 30分

材料（2人分）
- 絹ごし豆腐 ◆ 1丁
- ニンジン（短冊切り） ◆ 1/2本
- 小松菜（4等分） ◆ 2束
- 根こんぶ醤油 ◆ 大さじ3
- a
  - 鶏ひき肉 ◆ 150g
  - 生ひじき（みじん切り）◆ 大さじ2
  - 塩こしょう ◆ 適量
  - 酒 ◆ 大さじ1
- 水 ◆ 400cc

1. 豆腐は半分に切っておく。
2. aをよく混ぜ合わせる。
3. 鍋に水、しょうゆを入れ沸騰したら2を丸めて入れていく。1とニンジン、小松菜を加え、再度10分程煮る。

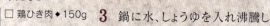

川中醤油の屋号には、ヤマカとマルシンがある。

chapter 7

おでんだし

200mℓ

特徴

1. 鰹と昆布のエキスを使用することで相乗効果が生まれ、旨味がより一層利いている

2. 広島県の名産である旨味の強い牡蠣のエキスを加えて、味に深みをもたせた逸品

3. 手間をかけずにおいしいおでんを作れるようにと開発された10倍希釈のおでんだし

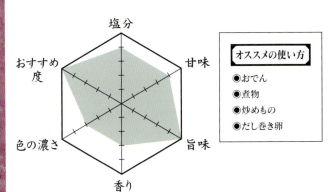

オススメの使い方
- おでん
- 煮物
- 炒めもの
- だし巻き卵

おでんだし

調理時間 **70分**

おでんにタマネギ!? 意外なおいしさ

タマネギと牛すじのおでん風

材料（2人分）
- 牛すじ ◆ 400g
- タマネギ ◆ 大1個
- a
  - おでんだし ◆ 大さじ2
  - 酒 ◆ 50cc
  - 水 ◆ 400cc

1. タマネギは皮をむいて厚めの輪切りにし、牛すじは1度煮立つまで下茹でしておく。

2. 鍋に1とaを入れ、1時間程煮込む。

 牛すじは下茹ですることで余分な脂をカット！

  丑の日には従業員全員にウナギ弁当が支給される。

おでんだし

パパッとメニュー 厚切りスパムがこんがりジューシー

チンゲン菜とスパムの卵炒め

調理時間 10分

材料（2人分）
- □ スパム ◆ 1缶
- □ チンゲン菜 ◆ 1袋
- □ ごま油 ◆ 大さじ1
- a □ 溶き卵 ◆ 1個
  □ おでんだし ◆ 大さじ1

1 スパムは1cm幅に切る。チンゲン菜は1/3位に切る。

2 フライパンにごま油を熱し、1を炒め、火が通ったらaで閉じる。

川中小噺 通販の購入特典で社内の様子や商品紹介が載った「川中便り」がついてくる

chapter 8

すき焼しょうゆ

400ml

特徴

1. すき焼を手軽においしく食べてもらうために開発された割り下

2. 鰹のだしに昆布と椎茸のエキスを合わせ、塩分と甘味のバランスを徹底的に追求した逸品

3. ストレートタイプなので、具材を鍋に入れてすき焼しょうゆを加えるだけで本格派の美味しいすき焼ができる

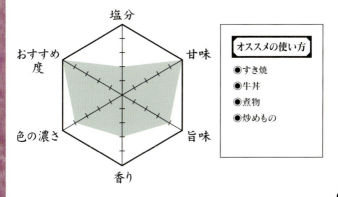

オススメの使い方

- すき焼
- 牛丼
- 煮物
- 炒めもの

すき焼しょうゆ

調理時間 **5分**

パパッとメニュー

甘辛いタレがたまらない♪

手羽中のパリッと焼き

材料（2人分）
- 手羽中 ◆10本
- すき焼しょうゆ ◆大さじ2
- サラダ油 ◆大さじ1

1. フライパンにサラダ油を熱し、手羽中をカリッと香ばしく焼く。
2. しょうゆをかけ、照りが出るまでからめる。

一言メモ 冷めてもおいしいので、お弁当のおかずにもオススメ！

川中小唄 社長のゴルフの腕前はプロ並みで、昔プロゴルファーを目指していた。

すき焼しょうゆ

調理時間 20分

豚肉でもおいしく仕上がる！

豚すき焼

材料（2人分）
- 豚肉薄切り ◆ 200g
- 絹ごし豆腐（4等分）◆ 1丁
- 白菜（3cm幅）◆ 1/4切
- 長ネギ（斜め切り）◆ 1本
- 糸コンニャク（一口大）◆ 1/2袋
- シイタケ（飾り切り）◆ 2個
- すき焼しょうゆ ◆ 150cc
- サラダ油 ◆ 適量

1. 鍋にサラダ油を熱し、長ネギを炒めて香りを出す。

2. 1にある程度火が通ったら豚肉を加えて炒め、焼き色が付いたらしょうゆを回しかける。

3. 弱火にし、残りの材料を入れて10分程煮る。

田中小噺　来客者から「醤油の香りがしますね」と言われるが従業員は慣れていて気付かない。

chapter 9
薫る 大人の醤油

70ml

特徴

1. 贅沢な自然素材を使った、スモーク味の新スタイル醤油

2. 厚削りにした鰹節を桜のチップで長時間燻し、さらに本醸造の濃口醤油に漬けこむことで醤油に燻製の香りをつけている

3. かける・つけるだけでワンランク上のおつまみができるので、贅沢な気分を楽しめる

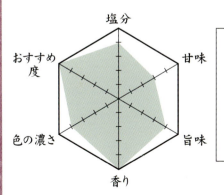

オススメの使い方
- チーズや刺身、焼き魚にさっとかけて高級珍味に
- 漬けるだけで燻製風卵に

薫る大人の醤油

調理時間 **15分**

風味豊かな一味違う和風パスタ

シラスと小松菜のペンネ

材料（2人分）
- ペンネ ◆ 100g
- シラス ◆ 20g
- 小松菜 ◆ 1/2袋
- 薫る大人の醤油 ◆ 大さじ2
- サラダ油 ◆ 大さじ1

1. 小松菜は1/3位に切る。
2. フライパンにサラダ油を熱し、シラスと1を炒める。
3. 別の鍋で茹でたペンネを2に入れ、混ぜ合わせる。
4. しょうゆを回し入れて火を消す。

スモークの香りでお酒との相性もピッタリ！

  醤油は原料のアミノ酸と糖分を加熱することで、赤みがかった褐色になる。

薫る大人の醤油

調理時間 **5分**

スモーク薫るワンランク上のおつまみ

パパッとメニュー

おつまみプレート

材料（2人分）
- 茹で枝豆 ◆適量
- サーモン（刺身用） ◆適量
- クリームチーズ ◆適量
- 薫る大人の醤油 ◆適量

1. クリームチーズとサーモンは好みのサイズに切り分ける。

2. プレートに茹で枝豆、クリームチーズ、サーモンを並べ、しょうゆを添える。

 しょうゆソフトクリームは、テレビ番組で取りあげられた際行列ができて大変だった。

chapter 10
辛口汁なし担々麺のタレ

150ml

特徴

1. かけるだけでプロの味に仕上がる、リピーター続出の汁なし担々麺専用のタレ

2. 本場中国四川省の最高級ピーシェン豆板醤の凝縮された旨味と赤唐辛子の辛味がクセになる

3. 生山椒と花山椒が放つ薫り高い刺激が融合された、辛さR-12指定の大人向け商品

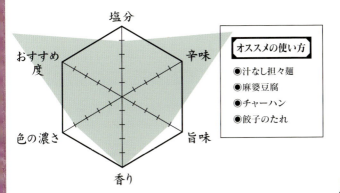

オススメの使い方
- 汁なし担々麺
- 麻婆豆腐
- チャーハン
- 餃子のたれ

辛口汁なし担々麺のタレ

調理時間 10分

辛さと旨味でツルっと食べられる一杯！

パパッとメニュー

サラダ担々麺

材料（2人分）
- 中華麺 ◆ 2人分
- ハム（細切り）◆ 50g
- キュウリ（細切り）◆ 1本
- 辛口汁なし担々麺のタレ ◆ 大さじ4

1. 中華麺を茹で、冷水でしっかり冷やす。
2. 1を皿に盛り、ハム、キュウリをのせ、タレをかける。

一言メモ お好みに合わせてめんつゆストレートで割ると、辛さがひかえめになる

川中小唄 辛口汁なし担々麺のタレは、飲食店でも使用されている。

辛口汁なし担々麺のタレ

川中醤油秘伝のレシピ

麻婆豆腐

調理時間 15分

材料（2人分）
- □ 絹ごし豆腐（サイの目切り）◆250g
- □ 豚ひき肉 ◆ 100g
- □ 辛口汁なし担々麺のタレ ◆ 大さじ4
- □ 水 ◆ 170cc
- □ サラダ油 ◆ 大さじ1
- a
  - □ 片栗粉 ◆ 大さじ1と1/2
  - □ 水 ◆ 大さじ1と1/2
- □ 青ネギ（小口切り）◆ 適量

1. フライパンにサラダ油を熱し、豚ひき肉を入れて肉の脂が透き通るまでしっかりと炒める。

2. 1に水と豆腐を入れ、1分煮る。

3. 2にaを4回位に分けて入れ、タレを入れて強火にし、約40秒煮る。

4. 器に盛り、青ネギをちらす。

川中小咄 辛口汁なし担々麺のタレは、当初は麻婆豆腐のタレを造るために開発していた！

chapter 11
男が使う にんにく醤油

150mℓ

特徴

1. 自社のだし醤油に、刻んだフライドガーリックを大量に詰め込んでパンチの利いた味に仕上げた逸品

2. ズボラな男の一人暮らしにはもってこいのだし醤油

3. しっかりとパンチの利いた味に仕上げたため、そのままでもOK、希釈してもOKと幅広く使える

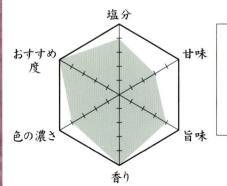

オススメの使い方

- 冷やっこ
- 唐揚げの下味
- 卵かけご飯
- 炒めもの

男が使うにんにく醤油

調理時間 **15分**

食欲をそそるヘルシーステーキ

コンニャクのステーキ

材料（2人分）
- □ コンニャク ◆ 250g
- □ 男が使うにんにく醤油 ◆ 大さじ2
- □ サラダ油 ◆ 適量
- □ クレソン ◆ 適量

1. コンニャクの両面に切り目を入れ、サイコロ型に切る。
2. 1に熱湯をかけ、臭みをとっておく。
3. フライパンにサラダ油を熱し、2を入れて両面に焼き目がつくまで焼く。
4. しょうゆを回し入れ、味をからめる。
5. 皿に盛り、クレソンを添える。

一言メモ コンニャクに切り目を入れることで、醤油が染み込みやすくなる。

  ガーリッ君は、男が使うにんにく醤油の宣伝部長である。

ガーリッ君

男が使うにんにく醤油

調理時間 **10分**

パパッとメニュー ささっと作れる簡単おつまみ

エリンギとベーコンのニンニク炒め

材料（2人分）
- □ ベーコン ◆ 40g
- □ エリンギ ◆ 2本
- □ 男が使うにんにく醤油 ◆ 大さじ1
- □ サラダ油 ◆ 適量

1 エリンギは縦に細切りにし、ベーコンは1cm幅に切る。

2 フライパンにサラダ油を熱し、1を炒め、しょうゆを入れてさらに炒める。

 ガーリッ君のLINEスタンプがある。

chapter 12
白だし お吸物のつゆ

500ml

特徴

1. 本醸造淡口醤油をベースに淡い色に仕上げた濃縮タイプのつゆ

2. 自社抽出した鰹の一番だしが利いた、甘さ控えめで贅沢な逸品

3. アクセントに広島県の名産品である「海人の藻塩」を使用し、だしの旨味をしっかりと引き出している

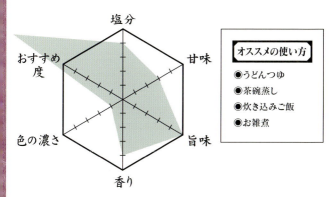

オススメの使い方

- うどんつゆ
- 茶碗蒸し
- 炊き込みご飯
- お雑煮

白だしお吸物のつゆ

調理時間 **20分**

こんがり焼き上げた香ばしさが魅力

ニラとエビのチヂミ

材料（2人分）
- エビ ◆ 100g
- ニラ ◆ 1/2束
- 一番搾りすだちぽん酢しょうゆ ◆ 大さじ2
- a
  - 卵 ◆ 1個
  - 小麦粉 ◆ 1カップ
  - 白だしお吸物のつゆ ◆ 大さじ1
  - 水 ◆ 180cc
- サラダ油 ◆ 適量

1. ニラは3cm幅に切る。エビは殻をむいて背わたを取り、洗ってぶつ切りにする。

2. aをよく混ぜ合わせ、1を加える。

3. フライパンにサラダ油を熱し、2を円形に広げて両面を焼く。

4. 切り分けて皿に盛り、ぽん酢を添える。

一言メモ

「辛口汁なし担々麺のタレ」と「一番搾りすだちぽん酢しょうゆ」を1：2の割合で混ぜるとピリ辛タレになります。（写真はピリ辛タレ）

 昔、従業員の退職金の代わりに家付きの土地をあげたことがあった。

白だしお吸物のつゆ

調理時間 10分

黄色とピンクの彩りがかわいい

パパッとメニュー

明太子卵焼き

材料（2人分）
- □ 明太子 ◆ 1腹
- □ サラダ油 ◆ 適量
- a
  - □ 卵 ◆ 3個
  - □ 白だしお吸物のつゆ ◆ 大さじ1
- □ 大葉 ◆ 適量

1. 明太子は皮を取り、身をほぐしておく。

2. フライパンにサラダ油を熱し、aを半分流し入れて手前に明太子をおき、巻いていく。残りのaを流し入れて巻くのを数回くり返す。

3. 皿に大葉を敷き、3を切り分けて盛りつける。

 昔、テニスクラブの経営をしており、プロ選手の大会も開催していた。

白だしお吸物のつゆ

調理時間 10分

トマトの栄養をまるごといただく

パパッとメニュー

トマトスープ

材料（2人分）
- 絹ごし豆腐（サイの目切り）◆1/2丁
- トマト（サイの目切り）◆2個
- グリーンピース ◆20粒
- a
  - 白だしお吸物のつゆ ◆大さじ2
  - 水 ◆400cc

1. 鍋にaを入れ、豆腐とトマト、グリーンピースを入れて沸騰させる。

川中小唄　醤の館では、常連しか知らない生醤油やもろみみそも販売している(要予約)。

白だしお吸物のつゆ

おうちでできる料亭の味!?

海鮮茶わん蒸し

調理時間 25分

材料（2人分）
- 小エビ◆4尾
- ベビーホタテ◆4個
- かまぼこ◆4切れ
- a
  - 卵◆2個
  - 白だしお吸物のつゆ◆大さじ2
  - 水◆120cc
- 三つ葉◆適量

1. aをよく混ぜ合わせて卵液を作り、2～3回こす。

2. 1と小エビ、ベビーホタテ、かまぼこを器に入れ、蒸し器で1～2分強火で蒸す。弱火にしてさらに15分程蒸す。

3. 出来上がった茶わん蒸しに三つ葉をのせる。

川中小唄　社長は小学生の時から体格が良く、優良児として表彰されたことがある。

chapter 13
めんつゆ ストレート

400ml

特徴

1. 香りと旨味のある「荒亀節」と、深い味わいがある「宗田節」の2種類の鰹節を自社で厚削りにしてだしを抽出している

2. 本醸造の濃口醤油、みりん、砂糖で調熟させた「かえし」とだしを合わせて、まろやかなつゆに仕上げている

3. 食品添加物を一切使用していないため、鰹本来の風味豊かな味わいが存分に楽しめる

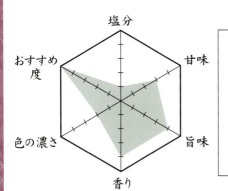

オススメの使い方

- そうめん、ざるそばのつゆ
- うどんのつけつゆ、天つゆ
- 煮物
- 炊き込みご飯

めんつゆストレート

調理時間 25分

野菜がたくさん摂れるのが嬉しい

パリパリ皿うどん

材料（2人分）
- □ 揚げ麺 ◆ 2人分
- □ 豚肉（一口大）◆ 100g
- □ タマネギ（薄切り）◆ 1/3個
- □ モヤシ ◆ 1/4袋
- □ ニラ ◆ 1/3袋
- □ キャベツ（ざく切り）◆ 1/6個
- □ ニンジン（短冊切り）◆ 1/3本
- □ かまぼこ ◆ 1/2本
- □ サラダ油 ◆ 大さじ1

a
- □ めんつゆストレート ◆ 50cc
- □ 水 ◆ 100cc
- □ 塩こしょう ◆ 少々

b
- □ 片栗粉 ◆ 大さじ1
- □ 水 ◆ 大さじ1

1 ニラは3cm幅にし、かまぼこは0.5cm幅に切る。モヤシは洗い、ザルにあげておく。

2 フライパンにサラダ油を熱し、1と豚肉、タマネギ、キャベツ、ニンジンを炒める。
火が通ったらaを入れ、火を止めてからbを入れてあんかけを作る。

3 揚げ麺を皿にのせ、2をかける。

冷蔵庫の中の余った野菜で彩り良く！

川中小唄　鰹節を自社で厚削りし、抽出した一番だしのみを使用してつゆ類を製造している。

< めんつゆストレート >

調理時間 **10分**

のりがアクセントに♪

パパッと メニュー

ちくわののり巻き天

材料（2人分）
- □ ちくわ ◆ 2本
- □ 焼きのり ◆ 2枚
- □ 揚げ油 ◆ 適量
- a
  - □ 小麦粉 ◆ 大さじ3
  - □ 水 ◆ 大さじ2
- □ めんつゆストレート
  - ◆ 適量（つけつゆ用）

1. ちくわにのりを巻き、ボウルでよく混ぜ合わせたaをくぐらせる。
2. フライパンに少量の油を入れ、転がしながらカラッと揚げる。
3. 器に盛り、めんつゆを添える。

川中小話　社長の例え話には、野球用語がたびたび使われる。

めんつゆストレート

サトイモのまろやかな食感

サトイモとサヤインゲンのうま煮

調理時間 30分

材料（2人分）
- □ サトイモ ◆ 小10個
- □ サヤインゲン ◆ 5個
- a
  - □ 砂糖 ◆ 大さじ1/2
  - □ めんつゆストレート ◆ 50cc
  - □ 水 ◆ 200cc

1. サトイモは皮をむき、サヤインゲンはすじをとる。
2. 鍋にaと1を入れ、20分程煮る。

川中小咄　しょうゆソフトクリームにはミニサイズがある(210円)。

めんつゆストレート

枝豆のグリーンが映える

そぼろ丼

材料（2人分）
- ごはん ◆ 2人分
- 鶏ひき肉 ◆ 200g
- 茹で枝豆 ◆ 20粒
- めんつゆストレート
  ◆ 大さじ3
- 水 ◆ 大さじ3

1. 鍋に鶏ひき肉とめんつゆ、水を入れ、炒める。

2. 汁気が無くなったら火を止める。

3. ごはんに2をかけ、茹で枝豆をのせる。

川中小唯　アストラムライン建設時、立ち退きの関係で社屋が現在の位置になった。

chapter 14
じゃぶじゃぶ かけるつゆ

400mℓ

特徴

1. 本醸造白醤油に「荒亀節」と「宗田節」の2種類の鰹節を厚削りして抽出した一番だしを合わせたつゆ

2. 隠し味に魚醤を少量加えることで、さらに旨味が増している

3. 塩分約3％のストレートタイプなので、塩分を気にする健康志向の方でもじゃぶじゃぶ使える逸品

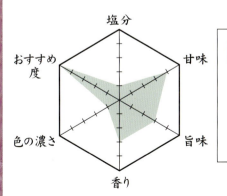

オススメの使い方
- そうめんなどの麺類に直接かけて
- 天つゆ
- 煮物
- おひたし

> じゃぶじゃぶかけるつゆ

調理時間 **25分**

貝のエキスがバターと絡んで旨味たっぷり

アサリと三つ葉のボンゴレ

材料（2人分）
- □ パスタ ◆ 2人分
- □ アサリ ◆ 150g
- □ じゃぶじゃぶかけるつゆ ◆ 大さじ4
- □ バター ◆ 10g
- a
  - □ 塩 ◆ 小さじ1
  - □ 水 ◆ 150cc
- □ 三つ葉 ◆ 適量

1. アサリはaで砂抜きしておく。
2. フライパンにアサリを入れてふたをし、アサリが開くのを待つ。パスタは別の鍋で茹でておく。
3. 2のフライパンにパスタを入れ、よく混ぜ合わせる。
4. 仕上げに三つ葉とつゆ、バターを加えてからめる。

一言メモ　バターは一番最後にからめると、風味が良くなる。

川中小咄　しょうゆソフトクリームは無料で「ごま・くるみ・ゆず」の中から1つトッピングできる

じゃぶじゃぶかけるつゆ

調理時間 **35分**

地物の新鮮な芝エビが効いた

ジャガイモと芝エビの煮物

材料（2人分）
- 芝エビ（むきエビでも可）◆150g
- ジャガイモ ◆小7〜10個
- a
  - 鷹の爪（輪切り）◆適量
  - じゃぶじゃぶかけるつゆ ◆大さじ4
  - 水 ◆200cc

1. ジャガイモは皮をむき、芝エビは頭を取る。
2. 鍋に1とaを入れ、20〜25分程煮込む。

川中小唄 アポなしで有名人の方が取材に来られて以降、サイン用色紙を常時用意している。

ゴロゴロ野菜でほっと温まる一品

根菜ポトフ

調理時間 40分

材料（2人分）
- ウインナー ◆ 6本
- ニンジン（乱切り）◆ 1本
- レンコン（輪切り）◆ 100g
- ジャガイモ ◆ 小2個
- タマネギ（くし型切り）◆ 1個
- a
  - じゃぶじゃぶかけるつゆ ◆ 100cc
  - 水 ◆ 400cc
- 塩 ◆ 少々

1. ジャガイモは半分に切る。
2. 鍋に1とニンジン、レンコン、タマネギ、aを入れ、弱火で20分程煮る。
3. ジャガイモに火が通ったことを確認して、斜め半分に切ったウインナーを入れ、5分程煮る。
4. 好みで塩をかける。

事務所棟、工場棟の瓦は「古代むらさき」という特殊な色で出来ている。

> じゃぶじゃぶかけるつゆ

調理時間 **25分**

おもてなしにもバッチリな華やか料理

アクアパッツァ

材料（2人分）
- □ タイ ◆ 1尾
- □ アサリ ◆ 100g
- □ タマネギ（細切り）◆ 1/2個
- □ トマト（乱切り）◆ 1個
- □ グリーンピース ◆ 15粒
- □ ニンニク（スライス）◆ 1片
- □ じゃぶじゃぶかけるつゆ ◆ 100cc
- □ オリーブオイル ◆ 大さじ1

1 アサリは砂抜きしておく。

2 フライパンにニンニク、オリーブオイルを入れ、タイを両面焼く。

3 1とタマネギ、トマト、グリーンピースを2に入れ、つゆを入れてふたをする。

4 アサリが開くまで5分ほど蒸す。

醤油小咄　醤油の起源は、中国の「醤(じゃん)」だと言われている。

chapter 15
一番搾りすだち ぽん酢しょうゆ

360ml

特徴

| 1 | 自社の特製だし醤油に、徳島県産のすだちを1本（360ml）あたり約15個分たっぷりと合わせている |

| 2 | その年の一番初めに成熟した露地栽培のすだちだけを9月上旬に集めて搾った果汁を使用 |

| 3 | すだちの清々しい香りとすっきりした酸味が鰹と昆布のだしの旨味にメリハリをつけてくれる |

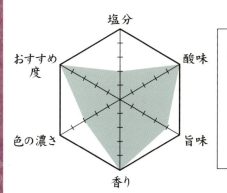

オススメの使い方
- フグ料理（てっさ・てっちり等）
- 焼き魚
- おひたし
- 水炊きや湯豆腐のつけだれ

一番搾りすだちぽん酢しょうゆ

調理時間 **10分**

すだちの香りでさっぱりいただく

パパッとメニュー

牛冷しゃぶサラダ

材料（2人分）
- □ 牛しゃぶ肉 ◆ 150g
- □ タマネギ ◆ 1/4個
- □ 水菜 ◆ 1/2袋
- □ ミニトマト ◆ 2個
- □ 一番搾りすだち ぽん酢しょうゆ ◆ 大さじ3

1. 牛しゃぶ肉は湯通しして冷ましておく。

2. タマネギは薄くスライスして水にさらし、水切りをしておく。水菜とミニトマトは食べやすい大きさに切る。

3. 器に水菜とタマネギを盛り、その上に1をのせる。周りにミニトマトを飾り、ぽん酢をかける。

一言メモ　牛しゃぶ肉はしっかり冷ましておくとぽん酢の香りが際立つ!

 昔、わいんぽん酢というチャレンジした商品を発売したことがある。

一番搾りすだちぽん酢しょうゆ

さっと和えるだけでOKの簡単メニュー

パパッとメニュー タコとキュウリの酢物

調理時間 5分

材料（2人分）
- 茹でタコ（ぶつ切り） ◆80g
- 乾燥ワカメ ◆大さじ2
- キュウリ ◆1本
- 一番搾りすだちぽん酢しょうゆ ◆大さじ2

1. キュウリは輪切りにし、塩もみする。乾燥ワカメは水で戻しておく。

2. 1と茹でタコをぽん酢で和える。

川中小唄　醤の館の外にあるテーブルは、昔火入れ用の釜として使われていた。

chapter 16
ゆずぽん酢しょうゆ

360ml

特徴

1. 本醸造濃口醤油に鰹と昆布と椎茸の旨味を合わせただし醤油に、「川根柚子」と国産柚子果汁を加えたぽん酢

2. 広島県安芸高田市高宮町川根の「川根柚子」は、苦みが少なく爽やかな香りが自慢

3. キリッとした酸味が特長の国産ゆず果汁を絶妙な割合でブレンドし、香り高く素材を引き立たせる味に

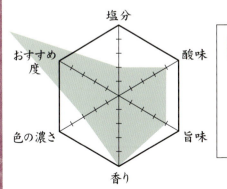

オススメの使い方

- 冷やっこ
- 焼き魚
- 水炊きや湯豆腐などのつけだれ
- ドレッシングに

ゆずぽん酢しょうゆ

調理時間 **10分**

パパッとメニュー　はんぺんはおでんだけじゃない！

焼きはんぺんのゆず風味

材料（2人分）
- [ ] はんぺん ◆2枚
- [ ] 茹でブロッコリー
    ◆4個
- [ ] ゆずぽん酢しょうゆ
    ◆大さじ2
- [ ] サラダ油
    ◆大さじ1

1 フライパンにサラダ油を熱し、半分に切ったはんぺんを両面焼く。

2 ぽん酢を入れ、ふたをして2〜3分程焼く。

3 2を器に盛り、茹でブロッコリーを添える。

一言メモ　はんぺんは押しつけずに焼くとふんわり仕上がる。

醤油小咄　全国の醤油屋の数は、1,297軒である(醤油の統計資料平成28年度版)。

ゆずぽん酢しょうゆ

調理時間 5分

パパッとメニュー

夏バテ知らずのあっさり味

ヤマイモのサクサクおつまみ

材料（2人分）
- ヤマイモ（拍子切り）
  - ◆100g
- 青ネギ（小口切り）
  - ◆適量
- ゆずぽん酢しょうゆ
  - ◆適量

1. 皿にヤマイモを盛り、青ネギをのせてぽん酢をかける。

 醤の館では調味料のみでなく、自社の醤油を使用したつくだ煮や豆菓子も販売中。

chapter 17

焼肉のたれ
瀬戸内産れもん&オリーブオイル。

180mℓ

特徴

1. 瀬戸内産レモンの酸味を「エキストラバージンオリーブオイル」で閉じ込めた爽やかな後味で、化学調味料無添加の焼肉のたれ

2. 肉をしっかり味わえる再仕込み醤油と後味に旨味がのこる濃口醤油の2種類を、主張させすぎないよう絶妙にブレンド

3. ニンニクは使用せず、体を温める効果があるショウガとリンゴやパイナップル、トマトを隠し味に使用してコクを出している

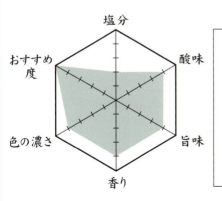

オススメの使い方

- 焼肉のつけダレ
- とんかつのつけだれ
- ハンバーグやステーキなどのソース
- コロッケのソース

焼肉のたれ瀬戸内産れもん＆オリーブオイル。

調理時間
10分

お子さんと一緒に作っても楽しい！

巻き巻きウインナー

材料（2人分）
- □ ウインナー◆4本
- □ シソ◆4枚
- □ ギョウザの皮◆4枚
- □ 焼肉のたれ瀬戸内産れもん＆オリーブオイル。◆適量
- □ 揚げ油◆適量

1. ギョウザの皮にシソを敷き、ウインナーを巻く。

2. 揚げ油を170℃に熱し、2〜3分程揚げる。

3. 器に盛り、タレを添える。

一言メモ　ジューシーなウィンナーとレモンの酸味が相性バツグン！

 社内に「醤油もの知り博士」がいて、小学校で出前授業を行っている。

焼肉のたれ瀬戸内産れもん＆オリーブオイル。

調理時間 5分

 香ばしい焼き目がポイント！

レモン風味焼き厚揚げ

材料（2人分）
- 厚揚げ ◆一丁
- 焼肉のたれ瀬戸内産れもん＆オリーブオイル。 ◆大さじ2
- サラダ油 ◆適量
- 青ネギ（小口切り） ◆適量

1. 厚揚げは半分に切り、フライパンにサラダ油を熱し、両面を香ばしく焼く。

2. 器に盛り、青ネギをちらしてタレをかける。

川中小唄　醤の館はものづくりの姿勢を表す場所で、地域の方とのコミュニケーションの場でもある。

chapter 18
さくらドレッシング

150ml

特徴

1. 広島県庄原市の八重桜の塩漬けを使用し、化学調味料・保存料・増粘剤・香料・着色料・乳化剤無添加で仕上げた逸品

2. ほのかなさくらの香りと淡いピンク色、まろやかでさっぱりした味わいが心を躍らせる期間数量限定商品

3. NPO法人ふぞろいプロジェクトとの共同開発商品であり、世界中の人にさくら文化を伝えたいとの思いが込められている

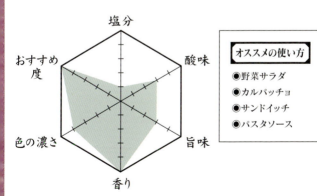

オススメの使い方
- 野菜サラダ
- カルパッチョ
- サンドイッチ
- パスタソース

さくらドレッシング

調理時間
10分

パパッと
メニュー

青空の下でピクニック気分♪

ハムのパリジャンサンド

材料（2人分）
- □ フランスパン
  ◆ 1/2本
- □ ハム ◆ 2枚
- □ レタス ◆ 2枚
- □ モッツァレラチーズ
  ◆ 2切れ
- □ さくらドレッシング
  ◆ 大さじ2

1. フランスパンは2つに切り、パンのサイドから横方向に切れ目を入れる。

2. 1にレタス、ハム、モッツァレラチーズをはさみ、モッツァレラチーズの上にドレッシングをかける。

一言メモ　ハムは生ハムを使うのもオススメ！

  川中小唄　毎年、さくらドレッシングに使用する八重桜を広島県庄原市へ摘み取りに行っている。

さくらドレッシング

淡い色合いが春を感じさせる

パパッとメニュー

クリーミーホタテ

材料（2人分）
- ホテテ ◆ 6個
- アスパラ ◆ 10本
- さくらドレッシング ◆ 大さじ2
- バター ◆ 10g

1. アスパラはすじをとり、4cm幅に切る。
2. フライパンにバターを溶かし、ホタテ、アスパラを焼く。
3. 2にドレッシングをかける。

 川中小咄　醤の館では、店舗従業員考案の料理を試食することができる（毎週レシピが変わる）。

chapter 19
すだちオリーブドレッシング

200ml

特徴

1. 自社秘伝のだし醤油をベースに徳島産すだち果汁を合わせ、旨味と酸味の両方のバランスがとれた味わい

2. 具材たっぷりの化学調味料無添加で、エキストラバージンオリーブオイルのフルーティーな香りが特徴

3. 平成27年11月5日に第14回ひろしまグッドデザイン奨励賞パッケージ部門を受賞

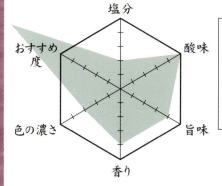

オススメの使い方
- 野菜サラダ
- マリネ
- カルパッチョ
- 炒めもの

すだちオリーブドレッシング

調理時間 **50分**

しっとりとした仕上がりの本格料理

ローストポーク

材料（2人分）
- 豚ももブロック ◆500g
- すだちオリーブドレッシング ◆適量
- a
  - 白だしお吸物のつゆ ◆50cc
  - 酒 ◆100cc
  - 水 ◆200cc
- イタリアンパセリ ◆適量

1. 鍋で豚ももブロックの表面を焼き、aを入れて30分程煮込む。

2. 1をスライスして皿に盛り、ドレッシングをかけ、イタリアンパセリをちらす。

一言メモ　豚肉は脂身の多い部位を使うとさらにジューシーに！

醤油小掬　再仕込醤油の別名は「甘露しょうゆ」であり、発祥の地は山口県柳井市である。

すだちオリーブドレッシング

調理時間 5分

イタリアンの定番にすだちの風味をプラス

パパッとメニュー

カプレーゼ

材料（2人分）
- □ トマト（輪切り）◆1個
- □ モッツァレラチーズ ◆100g
- □ バジル ◆適量
- □ すだちオリーブドレッシング ◆適量

1. モッツァレラチーズを1cm幅に切る。

2. 皿にトマト、モッツァレラチーズ、バジルを交互に並べる。

3. 2にドレッシングをかける。

川中小噺　正月明けの鏡開きの際、従業員全員にぜんざいが配られる。

chapter 20
大長レモンとはっさくのドレッシング

150ml

特徴

1. 広島県産の大長レモンとはっさくの果汁で香り高く仕上げ、「海人の藻塩」で味を引き締めた、広島の実りが詰まった逸品

2. はっさくのほろ苦さと生赤唐辛子のピリッとした辛味が効いた、大人の味わいが楽しめるドレッシング

3. 「満腹よりも満足を求める女性」へ贈る、「Hi crops dressing（ハイクロップスドレッシング）」シリーズの商品

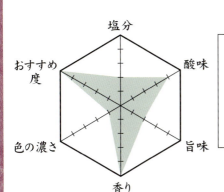

オススメの使い方
- 野菜サラダ
- カルパッチョ
- 鶏肉や魚のグリル
- 揚げ物

大長レモンとはっさくのドレッシング

調理時間 45分

ジューシーな口どけに箸が止まらない！

豚バラのフルーツドレッシングがけ

材料（2人分）
- □ 豚バラブロック
  - ◆500g
- □ ニンジン（乱切り）
  - ◆1本
- □ 大根（乱切り）
  - ◆1/3本
- □ インゲン◆5本
- □ 大長レモンとはっさく のドレッシング
  - ◆大さじ4
- a
  - □ やさしいだし醤油
    - ◆大さじ2
  - □ 酒◆20cc
  - □ 水◆100cc

1. 豚バラブロックを両面焼き、ニンジン、大根を入れ、aで30分程煮る。
半分に切ったインゲンを入れ、さらに5分煮る。

2. 豚バラブロックをスライスして野菜と一緒に盛り、ドレッシングをかける。

 やさしいだし醤油で煮るので塩分控えめ！

 「Hi crops dressing」は「Hi(roshima)」と「Hi(gh)」と「crops(農作物)」と合わせた造語。

大長レモンとはっさくのドレッシング

調理時間 10分

爽やかな風味といろいろな食感を楽しめる

パパッとメニュー

フルーツサラダ

材料（2人分）
- □ レタス ◆ 1/4個
- □ キュウリ（斜め切り） ◆ 1/2本
- □ リンゴ ◆ 1/4個
- □ ピンクグレープフルーツ ◆ 1/4個
- □ 大長レモンとはっさくのドレッシング ◆ 大さじ2

1 レタスは小さくちぎり、ピンクグレープフルーツは薄皮をむいて半分に切っておく。
リンゴはいちょう切りにし、水にさらして水切りする。

2 1とキュウリを皿に盛り、ドレッシングをかける。

ドレッシングの酸味とグレープフルーツのほのかな苦味で大人のサラダに！

川中小唄　醤の館では昔、「しょうゆシフォンケーキ」というスイーツを販売していた。

大長レモンとはっさくのドレッシング

調理時間 15分

広島名産の小イワシを大胆アレンジ

小イワシのカルパッチョ

材料（2人分）
- 小イワシ（刺身用）
  - ◆100g
- 赤パプリカ
  （サイの目切り）◆ 1/4個
- 黄パプリカ
  （サイの目切り）◆ 1/4個
- イタリアンパセリ
  - ◆適量
- 大長レモンとはっさく
  のドレッシング
  - ◆大さじ2
- オリーブオイル
  - ◆適量

1. 皿に小イワシを並べ、パプリカとイタリアンパセリをちらす。

2. ドレッシングをかけ、最後にオリーブオイルを皿一周分回しかける。

川中小唄　醤油のJASマークの「特選」や「超特選」は、旨味成分である窒素分が多く含まれている。

川中醬油の商品紹介

レシピを紹介できなかった川中醬油の数ある商品の中から、
おすすめの商品をほんの一部ご紹介します！

有機丸大豆と有機小麦を使用して醸造。ゆっくりと熟成させた深い旨味が特徴。

有機丸大豆濃口醤油
（300ml）

創業100周年を記念して白身用と共に開発。赤身特有の臭みを消す濃い押し味が特徴

赤身用むらさき
（200ml）

白身の刺身をよりおいしく食べるために開発。鰹と昆布の旨味で淡白な魚をしっかり堪能できる。

白身用むらさき
（200ml）

上品な甘味と軽やかな香りが特徴。竹の子の煮物・お吸物、うどんに。

うすむらさき
（500ml）

まろやかな甘味と旨味が自慢の白醤油。美しい琥珀色で彩り良く仕上げた。

白峰
（300ml）

大豆の甘味と醤油の風味豊かな旨味で豆腐をより一層おいしく食べられる。

とうふしょうゆ
（200ml）

「かけておいしいつけておいしい」広島市立広島商業高校と共同開発した梅醤油。

とろ～り梅醤油
（200ml）

濃口醤油にみりんタイプの調味料を合わせた。煮物や煮つけに最適な万能だし醤油。

吟醸和風だし
（500ml）

淡口醤油に鰹・昆布・牡蠣のだしを融合、彩り美しくしっかり味付けできる。

京白だし
（500ml／通販・店舗限定商品）

瀬戸内産の牡蠣・鯛・いりこの旨味たっぷり。上蒲刈島で作られた「海人の藻塩」で仕上げた。

瀬戸の白だし
（200ml）

自社で厚削りした鰹節を使用。砂糖を少量加えて丼物のつゆとしても。

天ぷらのつゆ
（200ml）

魚醤と干し椎茸、干し海老の旨味を本醸造淡口醤油と合わせた優しい味。

**瀬戸内ぶっかけ
そうめんつゆ**（400ml）

鰹、昆布、椎茸のだしの旨味が一体に。めんつゆなら水と1対1で薄める。

つゆ濃縮2倍
（400ml）

寒水熟成のかえしにだしを加え、魚醤と藻塩で調味した極上の旨味。

そばつゆストレート
（400ml）

鰹と魚醤のそれぞれの旨味が深く融合した寄せ鍋つゆ。

瀬戸内寄せ鍋つゆ
（400ml）

採れたての香り高く程よい酸味が特徴の「川根柚子」約7個分をたっぷり使用。

採れたて生搾りゆずぽん酢しょうゆ
（360ml／期間数量限定商品）

徳島県産すだち約10個分使用。自社ぽん酢でリピート率NO.1。

すだちぽん酢しょうゆ
（360ml）

おいしさと栄養がつまった根こんぶをノンオイルでからめた新食感に。

**根こんぶノンオイル
ドレッシング**（200ml）

「川根柚子」の香りと赤紫蘇の香り、爽やかな風味と色合いが特徴。

**赤紫蘇と川根柚子の
ドレッシング**（150ml）

広島県産大豆と金ゴマの旨味たっぷり。クリーミーな味わい。

**金ゴマと焙煎大豆の
ドレッシング**（150ml）

亀田農園の高糖度トマトをこだわりのブレンドオイルで。

完熟トマトと大葉ドレッシング
（150ml／期間数量限定商品）

焼肉のたれ甘口
（180ml）
ニンニク不使用でノンオイル。果物と野菜のコクにショウガでさっぱり。

焼肉のたれ辛口
（180ml）
コチュジャン、豆板醤、甜麺醤のコクとニンニクで食欲増進！

芳醇天然かけ醤油
（180ml／手土産・化粧箱入）
紅葉を彩った化粧箱入り。お土産にも卓上に置いても。

かきだし醤油
（180ml）
だし醤油に旨味の強い広島の牡蠣をプラス。卵かけごはんや納豆にそのままかけて。

かきだしゆずぽん酢しょうゆ
（150ml／手土産・化粧箱入）
鰹節と昆布、広島産牡蠣の旨味を川根柚子果汁と合わせてまろやかに。

かきだし赤ぽん酢しょうゆ
（150ml／手土産・化粧箱入）
濃口醤油に芸北産の生赤唐辛子と川根柚子果汁を合わせたぽん酢。

「ザ・広島ブランド」とは
広島の特産品で特に優れたものに認められるもの。全国に向けてPRすることで、知名度をより高め、その消費拡大を図るとともに、広島のイメージを向上させ、地域経済の活性化及び誘客の促進を図ることを目的とする。

「瀬戸内ブランド認定商品」とは
「自然（島や内海）」「食」「歴史」「文化」など、瀬戸内の資産を生かし開発された瀬戸内を体現する商品やサービスなどの総称。瀬戸内ブランド推進連合が独自の基準をもとに、「瀬戸内」の知名度やイメージを高める商品やサービスなどを「瀬戸内ブランド」として認定している。

「ひろしまグッドデザイン賞」とは
地元で生まれた優れたデザインを選定することにより、デザインに対する理解を深め、販売の促進やデザインにつながる産業の振興を図ることを目的として、平成6年に創設し、隔年で行われる顕彰制度。広島市が選定し、公益財団法人広島市産業振興センターが実施する。

レシピ監修

HIROMI

広島在住の料理研究家。
テレビ番組の料理コーナーに出演、全国各地で料理教室を主宰する。
これまでの著書に、「三つ星がとれるお料理の本」「三つ星がとれるお料理の本2」(いずれも南々社)、「器で楽しくきせかえごはん」(株式会社ザメディアジョン) がある。
HP　http://hanacafe.iinaa.net

P50 醤油とチーズのスコーン レシピ作成

平川広代

フードクリエイター、料理家。
一般社団法人ジャパン・ホームカフェリナ協会代表理事。
辻学園日本調理技術専門学校卒業後、冊子のレシピ制作、資格取得講座の運営、飲食店のメニュー開発、テレビ番組の料理コーナーにレギュラー出演、レシピ本出版など幅広く活躍。
ブログ　http://ameblo.jp/delicafeh/

協力	川中醤油株式会社 『川中醤油のおいしいレシピ70』制作チーム (川中康三、梶江孝治、本田彰、池田智佳、伊藤麻美) 〒731-3165 広島県広島市安佐南区伴中央4-1-6 TEL 082-848-0008 FAX 082-848-0168 フリーダイヤル 0120-848-838
企画・編集	周藤圭美、山田安由美 (株式会社ザメディアジョン)
撮影	長岡耕治 (LIFE PICTURE)
装丁・デザイン	村田洋子 (株式会社ザメディアジョンプレス)

川中醤油のおいしいレシピ

発行人	山近義幸
編集人	田中朋博
発　行	株式会社ザメディアジョン 〒733-0011　広島県広島市西区横川町2-5-15 TEL082-503-5035　FAX082-503-5036 http://www.mediasion.co.jp
印刷所	株式会社シナノパブリッシングプレス

落丁本、乱丁本は、株式会社ザメディアジョンメディアマーケティング事業部宛にお送り下さい。
送料小社負担にてお取替えいたします。本書の記事・写真を無断で複製(コピー)、転載することを禁じます。

ISBN978-4-86250-451-7　C2077　¥850E
©2016 The Mediasion Co.,Ltd　Printed in Japan